Die Würde des Alters

Der Weg zu einem sozial erfüllten Lebensabend trotz gesellschaftlicher Hindernisse

Maike Weber

INHALT

Die Würde des Menschen

Die Würde des Menschen ist unantastbar, jedenfalls steht es genau so in unserem Gesetz, aber ist das auch wirklich immer der Fall? In diesem Text geht es um die Würde des Menschen und die Suche danach in der Realität.

Besonders beleuchtet wird der letzte Altersabschnitt unseres Lebens. Wie sieht es im Verlauf des Lebens und vor allem am Lebensende mit unserer Würde aus? Wie behandeln wir unsere Mitmenschen und was von unseren theoretisch guten Absichten kommt in der Realität an? Unsere Welt wird immer kurzatmiger und steht nie still. Es gibt Menschen, die das aber besonders zu spüren bekommen. Die Menschen, die mit der stetig wachsenden Geschwindigkeit natürlicherweise nicht mehr mithalten können und teilweise in Vergessenheit geraten. Wie sieht die Realität aus und was führt zu dieser Entwicklung?

Was kann getan werden, damit jeder Mensch jeden Alters ein sozial erfülltes Leben hat und trotz altersbedingter Handicaps, die ja ganz natürlich sind und uns alle irgendwann einholen werden, noch an der Gesellschaft teilhaben kann und sich nicht ausgegrenzt fühlt? Wie weit sind wir bereits und welche Ansätze dazu gibt es? Das sind alles offene Fragen, die dem einen oder anderen mitunter schwer auf dem Herzen liegen. In diesem Text werden hoffentlich die meisten dieser Fragen beantwortet und Probleme zugänglicher gemacht, die weiter verbreitet sind und häufiger vorkommen, als man zunächst annimmt.

Der Winter unseres langen Lebens

Der Winter unseres Lebens betitelt die Lebensphase, die jeden von uns irgendwann einholen wird. Manche denken überhaupt nicht über die letzte Phase ihres langen Lebens nach. Andere dafür umso mehr und manche machen sich Sorgen über die Phase oder haben sogar Angst vor ihr, weil die Einsicht, dass am Ende alles endlich ist, doch zuweilen eine Panik auslösen kann. Der Winter unseres Lebens begrenzt sich auf den Lebensabschnitt, in dem ein Mensch schon deutlich gealtert ist, auf dem Papier sowie vielleicht auch körperlich oder geistig. Körperliche Gebrechen begrenzen sich selbstverständlich nicht auf ein bestimmtes Alter, jedoch nimmt die Wahrscheinlichkeit dieser Einschränkungen mit dem Alter zu. Das ist ganz natürlich und gehört in diesem Lebensabschnitt fast wie selbstverständlich dazu. Wann ein Mensch alt ist, lässt sich ebenso wenig auf ein ganz bestimmtes Alter festsetzen. Viele Eigenschaften, die wichtige Abschnitte unseres Lebens voneinander abgrenzen, sind sehr individuell und haben viel Interpretationsspielraum. Die einzige wirklich festzulegende Grenze ist die, dass nach dem Winter unseres Lebens nur noch das Ende folgt und wir bei Eintritt in diese Lebensphase schon viele Jahre auf dieser Erde verbracht haben.

Die Idealvorstellung unseres Lebensabends beinhaltet zumeist Zufriedenheit, Glück, Liebe, Unbeschwertheit und viel Freizeit mit endlosen Gestaltungsmöglichkeiten. Wie viel Gewichtung diese einzelnen Faktoren in Relation zueinander erhalten, ist ebenso ganz individuell. Der gemeinsame Nenner all dieser unterschiedlichen Vorstellungen ist aber immer, die negativen Gefühle und Schattenseiten außen vor zu lassen. Dazu gehören an erster Stelle Krankheiten und

Gebrechen, welche die Lebensqualität in jedem Alter einschränken würden.

Der Körper ist grundsätzlich nicht mehr so leistungsfähig und agil wie in jungen Jahren. Die Autonomie des Menschen korreliert ganz stark mit der körperlichen Verfassung, da diese unwillkürlich die eigene Freiheit erweitern oder begrenzen kann. Daher ist einer der wichtigsten Aspekte für alle Menschen, sich ihre Agilität und Beweglichkeit beizubehalten, um so lange wie nur irgend möglich komplett selbstbestimmt leben zu können.

Womöglich gehört zu der Vorstellung eines perfekten Lebensabends auch die Familie oder langjährige Freunde und der Schaukelstuhl auf der Terrasse mit Blick auf die im Garten spielenden Enkelkinder. Andere möchten frei sein wie ein Vogel und noch einmal die Welt bereisen, Unbekanntes entdecken und alle Verpflichtungen, die das ganze Leben über da waren, hinter sich lassen. In der Theorie ist der Lebensabend immer etwas, dem viele Menschen ihr ganzes Leben lang entgegenfiebern. Es ist die Zeit, ohne einen Beruf ausüben zu müssen, wenn man seine Rente idealerweise genießen kann, weil der Betrag zum Leben reicht. Man hat womöglich eine eigene Familie gegründet, die wiederum schon die nächste Generation von

Familie vorzuweisen hat, und erfreut sich seines Lebenswerkes und der vielen Menschen, die man beim Aufwachsen begleiten durfte.

DIE REALITÄT

Und genau an diesem Punkt erscheint zum ersten Mal der große und belastende Knackpunkt für alle Beteiligten. Wenn sich all diese Wunschvorstellungen zum Teil nicht in die Realität umsetzen lassen, hat das ganz unterschiedliche Gründe.

Eine unvorhergesehene Krankheit, wie beispielsweise Alzheimer oder Arthrose, breitet sich vielleicht aus und nimmt der betroffenen Person somit schon allein die Autonomie, welche so lange wie möglich erhalten bleiben sollte, viel eher als gedacht. Eventuell reicht durch das fehlerhafte, finanzielle Versorgungssystem des Staates die Rente nicht aus und es ist ein Nebenjob vonnöten, um sich über Wasser zu halten. Dies schränkt folglich auch die materiellen Wünsche wie Reisen, eine gute Versorgung im Falle des Pflegebedarfs und so vieles mehr ein. Nicht jeder Mensch möchte Kinder haben oder hat noch ein gutes Verhältnis zu seiner eigenen Familie. Beide Umstände sorgen dafür, dass man schon grundsätzlich deutlich weniger

Menschen um sich hat. Viele Faktoren können letztendlich dafür verantwortlich sein, dass der langersehnte entspannte letzte Lebensabschnitt mehr Ecken und Kanten hat als ursprünglich gewünscht.

Ein ganz großer Punkt, der in der heutigen Gesellschaft zum immer allgegenwärtigeren modernen Trendproblem wird, ist die Einsamkeit im Alter. Viele Veränderungen des heutigen Lebens tragen dazu bei, dass wir weniger Zeit für unsere Mitmenschen und ebenso für uns selbst haben. Da sich unsere Großeltern oder allgemein die Menschen im späteren Lebensabschnitt als unserem häufig nicht in unserem alltäglichen Dunstkreis bewegen, ohne dass auch nur eine Seite etwas dafür kann, besteht weniger Kontakt zueinander.

Relevanz des Themas in der alternden Gesellschaft

Die Einsamkeit im Alter und die Würde des Menschen im letzten Abschnitt des Lebens ist ein sehr sensibles, mit vielen Emotionen aufgeladenes Thema, welches mit Statistik und einfachen Fakten nicht erfasst oder heruntergebrochen werden kann. Um sich darüber bewusst zu werden, dass aber genau diese beiden Problematiken eine immer zentralere Rolle spielen, kommt man nicht umhin, sich einmal mit der Gesellschaftsstruktur befasst zu haben. Es ist ein kleiner Teilaspekt, welcher aber erörtert werden muss, um der Bereitschaft zur Handlung einen zusätzlichen Schubs zu geben. Die persönliche Betroffenheit der Situation auf

Dauer kann dadurch ebenso wenig geleugnet werden und verursacht im besten Fall einen Weckruf. Der theoretische Teil dieses Textes zeigt auf, wie viel größer diese beiden Themen noch werden, wenn man sich im Klaren darüber ist, wie sich unsere Gesellschaft auch in den kommenden Jahrzehnten noch verändern wird. Es gibt viele Anzeichen, die schon deutlich erkennen lassen, dass unsere Gesellschaft im Durchschnitt tatsächlich immer älter wird.

Es ist im Allgemeinen bekannt, dass die gesamte Weltbevölkerung insgesamt stetig anwächst. Daraus ergibt sich die Ressourcenfrage, welche jeden von uns betrifft. Es geht darum, ob die Rohstoffe für die steigende Weltbevölkerung ausreichen, genug Platz zum Leben da ist und ob auch wirklich jeder, der neu dazu kommt, langfristig ernährt werden kann. In allen Ländern der Welt ist die Gesamtbevölkerung durchaus sehr unterschiedlich verteilt. Hier lässt sich besonders die klassische Abstufung in Industrie- und

Entwicklungsländer anwenden. Die Industrieländer, beispielsweise in Europa, verzeichnen im Gegensatz zu manchen anderen Ländern eher einen Rückgang in ihrer Bevölkerung.

Dies liegt vorrangig daran, dass die gegensätzlichen Entwicklungsländer, wie der Name schon sagt, mitten in der Entwicklung stecken und sich der fehlende Fortschritt im Land besonders im Bevölkerungsanstieg widerspiegelt. Die Industrieländer sind in Fragen der Verhütung aufgeklärter und haben häufig einen entsprechenden Lebensstil, der eher zu weniger als zu mehr Nachkommen führt.

In den Entwicklungsländern ist ein Schnitt von circa 5 Kindern pro Frau ganz normal, während in Industrieländern pro Frau circa 1,5 bis 3 Kinder geboren werden. Bei beiden Arten von Ländern sinken diese Raten ganz langsam ab und trotzdem übersteigt die Anzahl der Geburten auf der ganzen Welt immer noch die Anzahl der Sterbenden. Wenn die Weltbevölkerung an sich stetig weiterwächst, stellt sich unweigerlich die Frage, wie denn die deutsche Bevölkerung immer älter werden kann. Augenscheinlich müsste die Anzahl der Geburten und jungen Menschen ja grundsätzlich die Anzahl der älteren und verstorbenen Menschen überragen und damit für einen guten Ausgleich sorgen. Ganz so rosig sieht es in der Realität und nur auf unser Land bezogen leider schon seit Jahrzehnten und ein paar Generationen nicht mehr aus.

Früher, als die medizinische Entwicklung noch nicht so weit war, kam es häufiger zu Mütter- oder Kindersterben bei oder kurz nach der Geburt. Das war ein ganz natürlicher Prozess, der die Altersverteilung in der Bevölkerung zusammen mit anderen Phänomenen in der Waage hielt. Dadurch, dass der medizinische Fortschritt noch in den Kinderschuhen steckte, betrug die durchschnittliche Lebenserwartung 45 bis 55 Jahre. Im Vergleich zu heute ist das natürlich deutlich kürzer.

Diese damalige Begrenzung entstand vor allem dadurch, dass körperliche Gebrechen im Alter noch nicht so gut behandelt werden konnten. Es gab viel weniger Prävention für gewisse Erkrankungsmuster, sodass sich auch körperlich fordernde Berufe viel stärker auf die Lebenslänge auswirkten, als sie es heutzutage tun. Sicherheitsbestimmungen und der reine Anteil an körperlich fordernden Berufen waren ebenso größer. Deutschland ist als ein Vorreiter der Industrieländer bekannt und hat, was den medizinischen Bereich angeht, verhältnismäßig wenig Entwicklungsbedarf. Deutschland ist sogar eines der wenigen Länder, in welchem eine gesetzliche Gesundheitsversicherung vorgeschrieben ist und auch erfolgreich durchgesetzt wird.

Vor einigen Jahrzehnten gab es in Deutschland noch eine erhöhte Geburtenrate. Der besondere Anstieg dieser Geburtenrate zog sich von der Mitte der 1940er Jahre bis in die 1960er Jahre und wird auch umgangssprachlich als Baby-Boomer-Generation bezeichnet. Dieses Phänomen trat in der Nachkriegszeit des Zweiten Weltkrieges auf und umfasst heutzutage die Generation der 40- bis ungefähr 60-Jährigen.

Nach der Geburt dieser Generation flachte die Geburtenrate immer weiter ab. Neben dem Verkraften des Krieges gab es auch eine Weiterentwicklung im Bereich der Verhütung. Insgesamt entwickelte sich das Land weiter, päppelte sich nach dem Krieg wieder auf und konnte auch irgendwann als eines der hoch gepriesenen Industrieländer bezeichnet werden. Maschinen, die für bestimmte Arbeitsabläufe entwickelt wurden, ersetzten manchen Arbeiter und sorgten für sicherere Arbeitsplätze. Auch neue Sicherheitsbestimmungen und die Durchsetzung dieser in vielen Arbeitsbereichen minimierte das Risiko am Arbeitsplatz drastisch. Es gab weniger Unfälle und die Arbeit war teilweise nicht mehr so körperlich fordernd wie zuvor.

Der medizinische Fortschritt spielte unserer Lebenserwartung ebenso in die Karten und machte einen großen Teil der industriellen Revolution aus, da besonders durch diesen Aspekt nicht nur die wirtschaftliche Position Deutschlands, sondern auch ihre Gesellschaft an sich gestärkt wurde. Krankheiten konnten besser behandelt werden, es gab präventiv wirkende Therapiepläne und die allgemein bessere medizinische Ausstattung sorgte für geringere Sterberaten und ebenso dafür, dass die Lebenserwartung immer weiter anstieg. Der medizinische Fortschritt ging an der Fertilität, also Fruchtbarkeit oder auch Geburtenrate, ebenso wenig vorbei. Neue Verhütungsmethoden wurden entwickelt und die Gesellschaft konnte den Kinderwunsch und den Zeitpunkt der Familiengründung viel stärker steuern also noch 50 Jahre zuvor. Dies verursachte einen Rückgang in der Geburtenrate, da natürlich viele ungewollte Schwangerschaften verhindert werden konnten und auch plötzlich eine Option der Abtreibung bestand.

Die Industrialisierung revolutionierte die Kultur gleich mit. Klassische Arbeitsverteilung zwischen Mann und Frau wurde in die Mottenkiste verbannt und die Emanzipation nahm ihren Lauf. Immer mehr junge Frauen entwickelten das Bedürfnis, sich aus kulturell vorgegebenen Lebensverläufen zu entreißen und ihren eigenen Weg zu gehen. Freiheit und Karriere standen ganz oben auf der Liste.

Junge Frauen konzentrierten sich also darauf, möglichst unabhängig zu werden und ihre jungen Jahre einer vielversprechenden Karriere zu widmen. Dieser Lebensstil ist im Gegensatz zum klassischen Hausfrauendasein nicht so konform mit dem Familienleben und genau das wirkte sich auch aus wie vermutet. Die neuen Rollenverteilungen zwischen Mann und Frau, hin zur Gleichwertigkeit und dem Wunsch genauso viel zu schaffen, wie ein typischer Familienernährer es tut, ließen die Geburtenrate zusätzlich abflachen. Bis heute hat sich dieser Trend grundsätzlich nicht verändert, sondern eher noch leicht verstärkt. Die vorherigen Generationen altern ganz normal weiter, während die jüngeren Generationen immer weniger Kinder pro Familie verzeichnen. Da der natürliche Kreislauf des Lebens keine Abweichungen vorsieht, gibt es demnach immer mehr etwas ältere Menschen und immer weniger etwas jüngere Menschen, weil zu wenig Kinder geboren werden.

Dies sorgt nicht nur allgemein dauerhaft für einen Rückgang der deutschen Bevölkerung, sondern auch für eine Alterung der Bevölkerung insgesamt gesehen.

Die Würde im Alter und der Umgang mit Menschen aus einer späteren Lebensphase betrifft uns also irgendwann nicht nur selbst. Diese Thematik schleicht sich wie der sogenannte demografische Wandel ganz langsam in unser Leben ein. Jahr für Jahr wird diese Bevölkerungsentwicklung präsenter und dauerhafte Lösungen für den Umgang mit dieser Situation werden immer dringender gebraucht.

Würde und Einsamkeit in der Realität

Wie schon im ersten Abschnitt des Textes angeschnitten, wird die Würde des Menschen als grundgegeben angesehen und sogar in unserem Gesetzbuch aufgeführt. Demnach sollte die Würde des Menschen auch tatsächlich unantastbar sein. Einsamkeit ist ein Begriff, der durchweg negative Emotionen hervorruft. Einsamkeit kommt in der Realität häufiger vor, als es zunächst scheint und ist oft doch so unsichtbar. Dieses Gefühl wird durch nichts begrenzt, auch nicht durch das eigene Alter, und trotzdem ist die Wahrscheinlichkeit, Einsamkeit zu verspüren, im höheren Alter erfahrungsgemäß wahrscheinlicher. Einsamkeit wird häufig mit Schmerz, Verlust und Trauer in Verbindung gesetzt, weil diese Emotion wie ein Tor in eine Welt aller negativer Empfindungen zu sein scheint. Einsamkeit hat unbewusst vielleicht manchmal sogar mehr Kraft und Einfluss auf einen Menschen, als man zunächst glaubt oder wahrhaben will.

Diese beiden Aspekte spielen im Text über Würde und Einsamkeit im höheren Alter eine so große Rolle, weil sie zwei ganz große Kernprobleme in der heutigen Gesellschaft darstellen. Die zeitgenössische Weiterentwicklung unserer Welt verursacht nicht immer nur Positives. Alles wird effektiver, sicherer, schneller und dadurch besser zugänglich, aber gilt das wirklich für alle?

Veränderungen setzen immer voraus, dass man sich diesen wie ein kulturelles Chamäleon anpassen kann und dem neu geschaffenen Leistungsdruck weiterhin standhält. Veränderung heißt oftmals Modifikation und genau diese muss auch auf den Menschen übergreifen, damit sich die angedachten Modifikationen erfolgreich in die Realität umsetzen lassen. In dieses Prinzip sind aber alle Individuen, die in irgendeiner Art und Weise eingeschränkt wurden, gar nicht inkludiert. Dazu gehören vor allem die Menschen der älteren Kategorie.

Das Alter bringt automatisch einige Einschränkungen mit sich, für die niemand etwas kann, aber auch unausweichlich sind. Die Entwicklung der Welt und unserer Gesellschaft ist folglich sehr gegenteilig zu der natürlichen menschlichen Entwicklung im Laufe eines Lebens. Ob körperlich oder geistig, dauerhaft gibt es zum Ende unseres Lebens gewisse Einschränkungen, die dafür sorgen, dass wir der Geschwindigkeit, Anpassung und Modifizierung des alltäglichen Lebens nicht mehr standhalten können. Man fällt schlichtweg aus dem Raster.

Außerhalb des Rasters ist ein Leben möglich, basiert aber zum Teil auf gegenseitiger Unterstützung und Fürsorge. Die meisten Industrieländer haben in der Theorie Auffangnetze und Vorsorge für all die Menschen geschaffen, die mal die treibende Kraft des Systems waren und jetzt einfach nicht mehr mithalten können, wie jeder von uns es irgendwann nicht mehr kann. Funktionieren diese Pläne und Vorsorgeunternehmungen nur teilweise oder überhaupt nicht, leidet letztendlich die Personengruppe darunter, die für uns alle vorher die Lebensgrundlage geschaffen hat. Unsere Eltern und Großeltern sind meistens die, die uns das Leben überhaupt geschenkt haben. Im besten Fall wachsen wir behütet und beschützt in einem familiären Umfeld auf. Es ist selbstverständlich, dass es uns an nichts fehlt. Unsere Eltern geben ihre Freizeit, ihre materiellen Güter, ihr Herzblut und all ihre Liebe, damit wir in Ruhe zu einem vollwertigen Menschen heranwachsen können. Sie tun alles für uns, was in ihrer Macht steht und erwarten nichts dafür, weil das eine Selbstverständlichkeit im großen Kreislauf des Lebens und der Generationen ist.

Üblicherweise wendet sich nach vielen Jahren irgendwann das Blatt. Wir werden erwachsen, können auf eigenen Beinen stehen und wenn die Zeit gekommen ist, sind wir für unsere Vorfahren da. Durch die Entwicklung der letzten Jahrzehnte geht dieses System leider heutzutage nicht mehr so gut auf.

WÜRDE

Im Grundgesetz wird die Würde des Menschen direkt im ersten Paragraphen erläutert und hat demnach einen sehr hohen Stellenwert. Sie ist die Grundlage des menschlichen Daseins und Handelns. Die Würde wird als völlig unantastbar beschrieben. Sie muss respektiert und immer aufrechterhalten, also geschützt werden. Die Würde wird jedem Menschen zuteil und ist ein gewisser Grundwert, den absolut jede Person immer hat.

Der Grundwert ist bei jedem Menschen absolut gleich und ist vollkommen unabhängig zu jeglichen möglichen Kategorien wie Herkunft, Religion etc. Die Würde verkörpert auch die Grundrechte, welche für jeden Menschen ohne Ausnahme gelten. Grundsätzlich gesehen, ist die von uns in Deutschland definierte Würde ein kurzer Begriff für die hierzulande herrschenden Menschenrechte.

Da die Menschenrechte sich von Land zu Land durchaus unterscheiden können, ist es wichtig herauszustellen, dass hiermit der deutsche Begriff der Würde gemeint ist und nicht beispielsweise der englische oder arabische. Neben vielen Abstufungen der Definition des Begriffes Würde besteht eine gewisse Einigkeit darin, dem Menschen diese Würde entgegenzubringen und zu erhalten, zu jeder Zeit. In die Tat lässt sich das ganze Vorhaben teilweise wie so viele aber nicht immer umsetzen. Im Alter gibt es immer wieder Situationen und Umstände, die ganz stark daran zweifeln lassen, ob uns an jedem Tag unseres Lebens diese Würde erhalten bleibt. Besonders im Alter sind die Stolpersteine teilweise sehr groß.

Wie im vorherigen Kapitel erläutert, altert unsere Gesellschaft stetig. Das System, in dem wir uns in Deutschland befinden, ist aber nicht darauf ausgerichtet, eine alternde Bevölkerung dauerhaft unterstützen zu können. Allein unser Rentensystem ist schon ein großer Punkt, welcher auch der Würde einen großen Stoß in die falsche Richtung versetzen kann. Jahrelang funktionierte dieses System und es gab keinerlei Probleme.

Dadurch, dass unsere Gesellschaft im Durchschnitt aber immer älter wird, gibt es auch immer mehr Menschen, die Rente beziehen. Die Rente wird grundsätzlich so finanziert, dass die jungen und berufstätigen Menschen in die Rente einzahlen und die älteren Menschen mit Anspruch auf diese Rente jene auch so erhalten. Der Rentenanspruch wird grundsätzlich durch Rentenbezüge geregelt, die auch vom jeweiligen Einkommen in der berufstätigen Zeit abhängig sind. Der Haken an der ganzen Sache ist aber, dass wir unsere Rente überhaupt nicht selbst finanzieren. Wir zahlen nicht in die Rente ein und kriegen am Ende als Rente genau das, was wir vorher selbst für uns eingezahlt haben. Das System basiert darauf, dass die

Berufstätigen in die Rentenkasse einzahlen und das eingezahlte Geld sofort weiterverwendet wird, um aktuelle Renten auszuzahlen. Wir finanzieren also die Rente unserer Eltern und Großeltern. Genauso werden es unsere Kinder und Enkelkinder irgendwann für uns tun müssen, wenn nicht dauerhaft etwas umgestellt wird.

Offensichtlich basiert unser komplettes finanzielles Auffangnetz für das Alter und die kurze Zeit, in der wir nicht arbeiten müssen, also auf einem ausgeglichenen Verhältnis zwischen jungen Menschen, die einzahlen können, und älteren Menschen, die Rente beziehen können. Da dieses Gleichgewicht schon seit Jahren nicht mehr besteht, droht das Rentensystem auf Dauer komplett zu versagen. Die Rentenbezüge werden immer kleiner und das Rentenalter wurde inzwischen schon auf 69 Jahre hochgesetzt. Mal abgesehen davon, dass sich die meisten Menschen auf eine Zeit ohne berufstätige Verpflichtungen freuen, die irgendwann nicht mehr existieren kann, ist es auch mit fortschreitendem Alter irgendwann körperlich faktisch nicht mehr möglich, berufstätig zu sein.

Genau hier kommt die Altersarmut ins Spiel. Menschen, die ihr ganzes Leben lang gearbeitet haben, um ihre Familie zu unterstützen und sich selbst ein lebenswertes Leben zu ermöglichen, haben so niedrige Rentenbezüge, dass nicht einmal das Existenzminimum erreicht wird. Der Begriff Existenzminimum ist ebenso dehnbar wie der Begriff der Würde. Durch das versagende Rentensystem haben ältere Menschen im Rentenalter ohne zusätzliche Absicherung nicht einmal genug Geld zur Verfügung, um ihren Kühlschrank zu füllen.

Immer häufiger sieht man ältere Menschen in den späten Abend- oder frühen Morgenstunden bei Wind und Wetter durch die Städte laufen. Sie durchsuchen Mülleimer nach Pfandflaschen oder möglicherweise sogar nach etwas Essbarem. Dieser Anblick ist nicht nur unfassbar traurig und herzzerreißend. So eine Situation hat auch nur noch sehr wenig mit Würde zu tun. Wenn man sich vorstellt, dass man seine eigene Familie nach finanzieller oder materieller Unterstützung fragen muss, weil man als jahrelanger Familienernährer selbst nicht mehr über die Runden kommt, ist die Überwindung noch größer, anstatt zu unbeliebten Zeiten Flaschen sammeln zu gehen.

Mit der finanziellen Versorgung im Alter öffnet sich nur die Tür in eine Welt voller weitreichender Problematiken. Angefangen mit der eigenen Versorgung zieht sich der finanzielle Mangel auch in den

Versorgungsbereich, welcher nicht mehr in der eigenen Hand liegt. Sind die körperlichen oder geistigen Gebrechen im Alter so einschränkend, ist es heutzutage in den meisten Fällen unumgänglich, ein Altersheim oder eine allgemein stationäre Pflege in Betracht zu ziehen.

In früheren Generationen gab es deutlich weniger Bedarf an Altersheimen und Pflege im Alter. Dies liegt natürlich einerseits daran, dass der Anteil der älteren Menschen in der deutschen Bevölkerung geringer war. Andererseits gab es früher aber auch eine andere Struktur in der Familie. Die Familien waren durch die höhere Anzahl an Kindern pro Frau automatisch immer etwas größer. Dies hatte zur Folge, dass es auch mehr Familienmitglieder gab, die einem in schweren Zeiten oder im Alter helfen konnten.

Es war vollkommen selbstverständlich, die älteren Familienangehörigen zuhause selbst zu pflegen und allen Hilfsbedürftigen persönlich beizustehen. Dies gelang aber hauptsächlich, weil die kulturellen Gegebenheiten vor einigen Jahrzehnten noch ganz anders waren als heute. Die schon angeschnittenen, kulturellen und wissenschaftlichen Veränderungen der letzten Jahre haben die Familiensituation deutlich verändert. Die Veränderungen geschehen aber eher weniger zum

Vorteil der älteren Familienmitglieder. Die Emanzipation und der medizinische Fortschritt sorgen, wie schon genauer erläutert, für weniger Kinder pro Frau. Die Familien werden immer kleiner und halten demnach auch weniger Personen bereit, die Hilfsbedürftige innerhalb des eigenen Kreises unterstützen können. Die mangelnde Zahl an Familienangehörigen wird auch durch das neumoderne Arbeitsverhalten negativ beeinflusst. Heutzutage ist es nur noch selten möglich, eine Familie finanziell zu versorgen, ohne dass beide Elternteile arbeiten gehen. Sieht man sich selbst als Großmutter oder Großvater einer Familie, fallen also alle Kinder inklusive Partner bereits weg.

In den meisten Fällen sind die Enkelkinder bereits so gut wie erwachsen oder gerade dabei, die Schule zu beenden, einen intensiven Schulabschluss anzustreben oder ziehen sehr früh von zuhause aus und beginnen eine Ausbildung oder ein Studium in einer anderen Stadt. Die restlichen Kinder in der Familie sind natürlich zu jung, um ein Familienmitglied zu pflegen und alle anderen Erwachsenen sind genauso berufstätig und in ihren vollen Alltag eingespannt.

Übrig bleibt im Grunde niemand und schon entsteht die Abhängigkeit von Pflegeeinrichtungen wie Altersheimen. Pflegeeinrichtungen lassen sich wie so viele andere Institutionen in verschiedene Kategorien einteilen. Selbst das am schlechtesten ausgestattete Pflegeheim muss privat bezahlt werden. Wer nicht schon in jungen Jahren mit der Altersvorsorge, auch in Bezug auf spätere Pflege, begonnen hat, kommt schnell in Geldnot. Hier gibt es die Regelung, dass die Pflege vom Staat bezahlt wird. Dies geschieht aber erst, wenn alle privaten Vermögenswerte des jeweils zu Pflegenden aufgebraucht wurden. Die Betonung liegt hier auf Vermögenswerte, weil sich dieser Begriff bei weitem nicht nur auf das reine Bargeld oder die Bankkonten beschränkt.

In die Vermögenswerte wird jegliches Eigentum mit eingerechnet, wie zum Beispiel auch Wohnungen oder Häuser. Diese müssen durch einen Gutachter auf einen Wert geschätzt werden. Daraufhin werden die Gebäude oder Grundstücke als Wert genutzt, um ausstehende Pflegerechnungen zu bezahlen. So kann es schnell passieren, dass die eigene Wohnung oder das Haus der Familie plötzlich nicht mehr in dessen Besitz ist, sondern auf die jeweilige Institution übergeht, welche dann auch Leiter der Pflegeeinrichtung ist.

Es kommt oft genug vor, dass Familienangehörige der zu pflegenden Person in ihrem eigentlich eigenen Haus nur noch zur Miete wohnen und jederzeit gekündigt werden könnten. Wer sein Zuhause nicht verlassen muss, nur weil die Eltern oder Großeltern die Pflege nicht anders entlohnen können, hat im Vergleich sogar noch Glück gehabt. Dadurch, dass das Eigentum dann auf die jeweiligen Institutionen oder Ämter übergeht, kann man seinen Wohnort durchaus verlieren. Dies geschieht, wenn Familienangehörige in der Wohnung oder dem Haus wohnen, welches ursprünglich der zu pflegenden Person gehörte. Abgesehen von dem großen Einschnitt in das eigene Leben der älteren Person wird das Leben der Angehörigen meist genauso stark eingeschränkt oder verändert. Gerade als älterer Mensch fällt es einem oft nicht leicht zu akzeptieren, dass man auf äußere Hilfe angewiesen ist. Der Schritt in eine Pflegeeinrichtung wird auch häufig nur unter Widerwillen angenommen und die letzte Instanz, wenn nichts anderes mehr hilft.

Auch wenn die Menschenwürde im allgemeinen Sinne durch die Unterstützung mit einer professionellen Pflege eher erhalten werden soll, stellt sich die emotionale Situation der älteren Menschen ganz anders dar. Diese Personen waren ihr ganzes Leben lang völlig unabhängig und haben ihre Nachkommen und Familie noch zusätzlich erzogen und unterstützt. Die Angewiesenheit auf Pflegepersonal nimmt nicht nur die gewohnte lebenslange Freiheit. Man wird von komplett fremden Menschen betreut, die persönliche Schmerzgrenzen überschreiten müssen, um ihre Arbeit gewissenhaft ausführen zu können. Im Pflegebereich ist das ganz normal. Als Pflegebedürftiger begegnet man dieser Situation aber zum ersten Mal in seinem ganzen Leben. All die Scham, Demütigung und das Ohnmachtsgefühl, selbst nichts tun zu können, sorgen für ein grenzenloses Gefühl der Würdelosigkeit.

Man gibt seine Selbstbestimmtheit und Privatsphäre zwangsweise auf und muss vollkommen fremden Menschen sein ganzes Sein anvertrauen. Nicht nur die Würde leidet unter dieser neuen Lebenssituation. Ein großer Teil der Persönlichkeit wird auch durch das eigene Handeln und Sein verkörpert. Für den Betroffenen und die Angehörigen ist es dann, als wenn ein Teil der Persönlichkeit verloren geht und in andere Hände übergeben wird. Mit Würde hat das nur noch sehr wenig zu tun.

Alle älteren Menschen, die glücklicherweise noch nicht oder niemals auf fremde Pflege angewiesen sind, haben jedoch nicht weniger mit ihrer Freiheit und Selbstbestimmtheit zu kämpfen. Jeder von uns ist sich darüber bewusst, dass uns die biologische Uhr einholen wird und dafür sorgt, dass wir schneller krank werden, nicht mehr so fit sind und körperlich anspruchsvollere Aktivitäten einschränken müssen. Diese Einschränkungen kommen, egal wie fit man sich hält, irgendwann auf jeden zu.

Wir wissen unser ganzes Leben lang, dass diese Phase kommen wird und können trotzdem meist nicht besonders gut damit umgehen, wenn es dann so weit ist. Als älterer Mensch sind manche alltäglichen Aktivitäten eine große Aufgabe und dauern deutlich länger oder benötigen eine helfende Hand. Schon beim Tragen der Einkaufstüten kann Unterstützung vonnöten sein. Viele ältere Menschen haben ihr ganzes Leben lang große Einkäufe bewältigt, waren den ganzen Tag unterwegs und haben den Haushalt nebenbei geschmissen.

Schon allein das Treppensteigen in höhere Stockwerke stellt teilweise ein Problem dar, dann ist es sicherlich möglich, sich vorzustellen, wie schwierig es sein kann, das eigene Zuhause sauber zu halten. Viele ältere Menschen fühlen sich durch ihre körperlichen Einschränkungen gekränkt und unter Druck gesetzt. Man ist nicht mehr so leistungsstark, wie es ursprünglich mal der Fall war. Der Druck kommt entweder von außen, durch beispielsweise Familienmitglieder, oder auch von der Person selbst.

Immer wieder gibt es Angehörige oder enge Freunde, die selbst kaum mit den oft schnellen Veränderungen einer Person umgehen können und Probleme haben, Verständnis zu zeigen. Es entsteht schnell Streit, weil das soziale Umfeld stur auf kleine Probleme reagiert. Dies kann dazu führen, dass sich der ältere Mensch in die Enge getrieben fühlt und dadurch nur noch unsicherer und angespannter wird. Auch die persönlichen Erwartungen an einen selbst verschlimmern öfter die Situation.

Man ärgert sich selbst darüber, langsamer zu sein oder weniger körperliche Arbeit bewältigen zu können. Auch das eigene Gehirn wird mitunter zum schlimmsten Feind. Eine große Angst im Alter ist bis heute, den eigenen Charakter zu verlieren und sich selbst zu entfremden, sei es durch Krankheiten wie Alzheimer oder die natürliche Vergesslichkeit, die sich im Alter einstellt. Wenn es nun aber tatsächlich zu so einer Veränderung kommt, hat man oft die Angehörigen und das soziale Umfeld im Hinterkopf, welches die Veränderung besonders zu spüren bekommt. Was aber oft vergessen wird, ist, dass der ältere Mensch, von dem diese Veränderung ausgeht, ja mindestens genauso und wenn nicht noch mehr betroffen ist wie alle anderen um ihn herum. Man erkennt sich vielleicht selbst nicht wieder, erschreckt sich über seine eingeschränkten geistigen Möglichkeiten und möchte die Personen um sich herum mit seinem Verhalten nicht verletzen.

Andererseits kann man in dieser Situation auch nichts mehr für sich selbst. Man verletzt oder pikiert vielleicht wissentlich eine nahestehende Person, ohne in dem Moment etwas dagegen tun zu können, und realisiert womöglich erst im Nachhinein, was man da gesagt oder getan hat. Dann kommt eins zum anderen. Die betroffene ältere Person schämt sich womöglich für das eigene Verhalten, bereut die Reaktion und möchte sich im nächsten Moment entschuldigen. Wenn so etwas passiert, steht man sich wortwörtlich selbst im Weg und ist sein eigener größter Feind.

Dazu kommen noch die Ängste, nicht mehr ernst genommen zu werden und die Personen von sich zu stoßen, die einem am allermeisten bedeuten. Diese Situation und die dabei entstehenden Gefühle sind so demütigend, dass man auch hier von einer deutlich verletzten Würde sprechen kann. Gerade die direkt selbst betroffene Person ist aber dann mit ihrem Leiden häufig komplett allein, weil man auf den angerichteten Schaden eher achtet als auf die Beweggründe des untypischen Verhaltens.

EINSAMKEIT

Einsamkeit ist oft ein sehr negativ belasteter Begriff, obwohl Einsamkeit auch durchaus positive Hintergründe haben kann. Bewusst eingesetzte Einsamkeit, also faktisch bewusst für sich allein zu sein, kann sehr beruhigend wirken. Man ist dann in der Lage, seine Gedanken neu zu ordnen, zu entspannen und seine eigene Kreativität wiederzufinden.

In diesem Text geht es leider um die negative Behaftung des Begriffes Einsamkeit. Einsamkeit für sich bedeutet, allein zu sein, obwohl man dies nicht möchte. Man fühlt sich von anderen nicht nur räumlich, sondern auch psychosozial getrennt. Dieser ungewollte Zustand löst fast ausnahmslos immer eine Trauer aus und eben genau das Gefühl des Alleinseins. Während die Einsamkeit ebenso wie die Würde absolut keine Altersbegrenzung kennt, findet man den Zustand oder das Gefühl doch auch häufiger im älteren Segment der Gesellschaft wieder.

Einsamkeit im Alter kann genauso wie die persönliche Verletzung der Würde ganz viele unterschiedliche Ursachen haben. Einerseits verstirbt vielleicht der Lebenspartner und auf einmal ist man ganz allein, obwohl man das nicht wollte. Die Familie wohnt immer häufiger weiter entfernt. Wie schon vorher erläutert, steigt auch die Anzahl der Berufstätigen in der Familie. Alle Familienmitglieder sind eventuell den ganzen Tag unterwegs und auf der Arbeit, die Kinder in der Schule oder noch weiter entfernt im Studium oder in der Ausbildung.

Der soziale Kreis altert genauso. Viele Freunde und Bekannte fühlen sich sehr oft nicht mehr sicher genug, um Auto oder öffentliche Verkehrsmittel zu nutzen. Wenn diese Freunde dann auch noch weiter weg wohnen, sieht man sich nicht mehr. Neben dem offensichtlichen Grund, dass der jahrelange Freundeskreis auch mit der Zeit verstirbt, stellt neue Technologie ein großes Kommunikationshindernis dar. Eine große Barriere ist einerseits die Begleiterscheinung, im Alter schlechter hören zu können und am Telefon nichts mehr deutlich genug zu verstehen. Dazu kommen dann noch neue Geräte wie Handys oder kabellose Telefone. Dessen Menü ist für die Personen der älteren Generation häufig schon zu kompliziert. Meistens wird dann aber alles erklärt und sich nicht mehr darum gekümmert, wie beispielsweise die eigene Oma mit dem Gerät zurechtkommt.

Andererseits möchte die ältere Person oft keinen hilflosen Eindruck hinterlassen und gibt vor, alles zu verstehen, obwohl dem nicht so ist. Hier spielt die Kombination mit Würde auch wieder eine ganz große Rolle. Die wichtigen Gespräche können dann häufig noch persönlich geführt werden, aber darauf beschränkt es sich dann. Fehlende Mobilität und Verständnis für Telekommunikationsgeräte wirken in Kombination sehr isolierend. Dazu kommt das allgemein bekannte Zeitproblem, welches sich wie ein roter Faden durch alle problematischen Bereiche des Alters zieht.

Die Kinder und Enkelkinder sind nie da und haben wenig Zeit für Besuche. So ist die betroffene Person häufig den ganzen Tag allein und kann von sich aus aber auch schwer auf andere zugehen. Es herrscht ein allgegenwärtiger Zwiespalt zwischen dem Drang, seine eigene Familie sehen zu wollen und dem Vorbehalt, diese möglichst nicht zu stören, weil ja alle immer so wenig Zeit haben.

Unsere Welt lebt in einem immer schnelleren Takt und man selbst wird mit hineingerissen, wenn man nicht aufpasst. So geschieht es den meisten Menschen, die ihre Großeltern oder Eltern wahrscheinlich über alles lieben und für sie da sein möchten, aber auf den ersten Blick keine Zeit haben. So entsteht ein Kreislauf aus schlechtem Gewissen und Verklemmtheit für beide

Seiten. Wenn man sich dann selten, aber immerhin überhaupt sieht, wird beiden Seiten umso stärker bewusst, wie wenig man sich doch sieht und das macht unter anderem auch durchaus traurig. Um diese Trauer zu umgehen, plant man aber in der Realität dann meist nicht mehr Treffen oder Besuche ein.

Man geht der Situation aus dem Weg, wie es oft und bei vielen Menschen ganz normal ist. So verschlimmert sich letztendlich nur das Gefühl und es wird immer schwieriger, den Teufelskreis noch zu durchbrechen. Der Stolz und der Zeitmangel greifen dann wie Zahnräder ineinander und alles, was sie hervorbringen, ist die Einsamkeit. Ältere Menschen sind teilweise so einsam, dass sie tagelang kein Wort reden, weil einfach keine Interaktion mit ihren Mitmenschen gegeben ist. Auf Dauer gewöhnt man sich vielleicht sogar an das Gefühl, immer allein zu sein.

Dies kann dazu führen, dass beispielsweise große Familienfeste eine Überforderung auslösen. Es sind zu viele Menschen, mit denen man so gerne interagieren möchte, auf einem Fleck und den ganzen plötzlichen Trubel ist man mit der Zeit nicht mehr gewohnt.Im Kapitel über die Würde wurde bereits der Aspekt der Selbstbestimmung angesprochen, welcher durch viele verschiedene Ursachen vermindert oder ganz genommen werden kann. In diesem Kapitel liegt der Fokus vorrangig auf der Mitbestimmung. Als ältere Person überträgt man gewisse Pflichten und Verantwortung auf die bereits erwachsenen Kinder.

Dies geschieht einerseits, weil diese selbst erwachsen sind und auf eigenen Beinen stehen wollen und andererseits auch für die eigene Entlastung, da man mit der Zeit womöglich nicht mehr alle Aufgaben und Pflichten allein stemmen kann. Wenn sich diese Situation aber so stark entwickelt, dass die ältere Person im Grunde bei nichts mehr behilflich sein kann und sich über nichts mehr Sorgen machen muss, kann das negative Auswirkungen haben. Der schmale Grat bei diesem Aspekt grenzt nur noch an Überforderung oder Einsamkeit. Bürdet man einem älteren Menschen noch zu viel auf, weil man es gut meint und ihm eine gewisse Autonomie lassen möchte, führt dies vielleicht zu einer Überforderung, weil es zu viel des Guten ist und die ältere Person aber auch wieder nicht zur Last fallen möchte und nichts sagt.

Andererseits meint man es eventuell zu gut, möchte den älteren Menschen nicht belasten, sondern eher entlasten und reißt alle Aufgaben an sich. Dies sorgt aber dann auf der anderen Seite dafür, dass der Betroffene keine Verantwortung oder Verpflichtungen hat und sich überflüssig fühlt. Ohne jegliche Aufgaben fehlt einem vielleicht sogar ein bisschen der Sinn im Tag und auch eine Struktur, an der man sich vorher immer orientiert hat.

Alle abgegebenen Verpflichtungen machen einen entbehrlich und verringern die Mitbestimmung bei diesen Angelegenheiten. Man fühlt sich in der Folge überflüssig und nicht gebraucht. Viele ältere Menschen versuchen, dieses Gefühl häufig mit anderen Dingen auszugleichen. Sie wollen dann ein guter Zuhörer sein, leckeres Essen kochen oder allgemein ein warmherziges Gefühl vermitteln. Die umstehenden Personen wissen dies auch zu schätzen, erkennen aber oft nicht, was eigentlich hinter dem Verhalten steckt. Dementsprechend ändert auch niemand sein Verhalten oder die Zuständigkeit für gewisse Angelegenheiten.

Mal abgesehen davon, dass man sich einsam fühlt, weil man weniger Verantwortung im Alter hat, ist es auch ein großer Schritt, sich selbst einzugestehen, dass man diese Hilfe braucht. Sein ganzes Leben lang als autonome Person leben zu können, um dann am Ende des eigenen Lebens all diese Freiheiten abgeben zu müssen, ist ein großer und sehr schwieriger Schritt. Allein der Versuch, sich in diese Situation hineinzuversetzen, sollte schon verdeutlichen, wie schwierig es ist loszulassen. Man lässt nicht nur einen Teil seines Lebensinhaltes und der Verantwortung los, sondern auch einen Teil seiner Handlungen und damit seiner Persönlichkeit. Die Art, bestimmte Dinge zu regeln oder zu bewältigen, bringt Charakterzüge in Menschen hervor, die einen wesentlichen Teil der Person ausmachen und das Leben maßgeblich mitbestimmt haben.

Es ist nicht einfach, diesen Teil für immer gehen zu lassen und auch das Vertrauen in seine Mitmenschen zu haben, die Angelegenheiten regeln zu können. In so einer komplizierten Gefühlslage ist es nicht so einfach, einen Teil von sich und seiner Freiheit an andere weiterzugeben und dies auch noch endgültig zu tun. Aus Gründen der Selbstachtung lehnen die Betroffenen auch Hilfe ab, obwohl sie diese dringend benötigen würden. Schon Kleinigkeiten, wie die Unterstützung bei schweren Einkäufen, können den gesamten Tag einer älteren Person so viel leichter machen und vermindern ein Erschöpfungsgefühl, welches sich über Stunden hinziehen kann. Die Ablehnung von Hilfe macht aber auch vor wichtigen Dingen zumeist keinen Halt.

Selbst wichtige Dokumente oder an Fristen gebundene Angelegenheiten geraten in Verzug, nur weil der Betroffene sich selbst etwas beweisen möchte. Dabei entstehen Fehler, es gibt digitale Barrieren oder Fristen werden nicht eingehalten, weil manche Briefe in Vergessenheit geraten. Dann entsteht womöglich noch eine Konfliktsituation zwischen der Einsamkeit und dem zusätzlichen Gefühl, allein hilflos zu sein. So etwas anzunehmen und richtig damit umzugehen, ist absolut nicht selbstverständlich.

Es bedarf einer guten Selbstreflexion und einem gewissen Realismus, um sich eingestehen zu können, dass es an der Zeit ist, bestimmte Dinge nicht mehr allein zu tun. Wer das nicht kann, reagiert eher mit Abweisung, angestauter Wut und Sturheit. Dies verschlimmert die Einsamkeit nur noch zusätzlich und zieht den älteren Menschen erneut in einen Teufelskreis aus Einsamkeit und Unzufriedenheit mit sich selbst.

Handlungsansätze und Verbesserungspunkte

Wie vorrangig erläutert, gibt es eine Vielzahl an Problematiken aus allen Lebensbereichen, die maßgeblich dazu beitragen, dass die Gefühle von erhaltener Würde und Einsamkeit stark schwanken können. Die Handlungsansätze und Verbesserungspunkte aus dem Titel des Kapitels werden sicherlich im ersten Moment mit den umstehenden Personen assoziiert. Dies betrifft das familiäre Umfeld, aber auch enge Freunde und Bekannte. Was oft nicht mit bedacht wird, ist, dass die Basis eines guten Umgangs und der Erhalt der Würde sowie das Fernbleiben von Einsamkeit auch maßgeblich durch die Persönlichkeit des älteren Menschen mitbestimmt wird. Das nähere soziale Umfeld kann noch so unterstützend und verständnisvoll sein. Wenn die betroffene Person keine Hilfe annehmen möchte und sich bewusst von anderen abkapselt, dann ist der äußere Handlungsspielraum sehr begrenzt.Es ist eine Kunst, immer mit sich im Reinen zu sein und allem entgegenzustehen, was im Leben auf einen zukommt. Die Aufgabe zum Ende des Lebens hin, loszulassen, tief durchzuatmen und seine eigene Ausgeglichenheit in allem, was passiert, zu finden, ist eine sehr unterschätzte Aufgabe.

Diese nötigen Schritte hin zum Winter unseres Lebens müssen von jedem Menschen gegangen werden und doch sind es meist die Themen, die man aus Angst sein ganzes Leben lang verdrängt. Wenn man dann einmal selbst in der Situation steckt, trifft einen der Schock und man reagiert nur auf die neuesten Probleme oder Reize, ohne die Gesamtsituation im Überblick zu behalten. Niemand hat gesagt, dass es einfach wäre, sich einzugestehen, wie alt man geworden ist und was man alles nicht mehr kann. Im Einklang mit einem unterstützenden sozialen und familiären Umfeld ist die Einstellung auf die neue Lebenssituation aber zu meistern.

Es bedarf eventuell Überwindung, sich selbst, so wie man ist, zu reflektieren und dabei ganz ehrlich mit sich selbst zu sein. Wer das schafft, kann trotzdem einige Hindernisse, die Einsamkeit oder den Verlust der eigenen Würde im Gepäck haben, bewältigen. Statt angestauter Wut und kopfloser Reaktionen auf Hilfeleistungen kann man sich natürlich, nachdem man sich vielleicht über seine verlorene Autonomie geärgert hat, auf eine erfolgreiche Bewältigung des anstehenden Problems freuen und wertschätzen, dass man Menschen um sich hat, die bereit sind, einen zu unterstützen.

Auf der anderen Seite kann der gegenseitige Umgang miteinander auch nur funktionieren, wenn wirklich beide Seiten zusammenarbeiten. Dies schließt nicht nur die entsprechende Einstellung zu sich selbst, in Bezug auf die ältere Person mit ein, sondern auch der Umgang mit dieser und die Einstellung des sozialen Umfeldes. Ob das soziale Umfeld nun die Familie oder nur enge Freunde umfasst, spielt dabei keine große Rolle. Natürlich ist es in der Gesellschaft immer schon so verankert gewesen, dass die direkte Verwandtschaft eine höhere Verantwortung hat als enge Freunde und Bekannte. Man sollte trotzdem versuchen, den Grad der Verwandtschaft oder die Nennung im

Familienstammbuch nicht davon abhängig zu machen, wie verantwortlich man sich fühlt, denn wir sind alle gleich. Die Hilfe ist dieselbe und jeder ältere Mensch, der diese benötigt, wird eine helfende Hand oder die Geste an sich nicht weniger wertschätzen, wenn sie von einem Freund anstatt aus der Familie kommt.

Ganz im Gegenteil. Gegenseitige Fürsorge unter Freunden wird gerade in besonderen Lebenssituationen so wichtig. Nicht umsonst gibt es so viele Sprichwörter darüber, dass sich erst in schweren Zeiten die wahren Freunde zeigen. Der letzte Lebensabschnitt oder das Leben mit höherem Alter kann man an sich nicht als schwere Zeit bezeichnen, da sie wie jede andere Phase zum Leben dazu gehört. Jedoch ist dieser Lebensabschnitt schwerer zu bewältigen und ein unterstützender Freundeskreis kann einen so großen Unterschied machen. Gerade in den letzten Lebensjahren weiß man häufig noch mehr als sonst zu schätzen, welche freundschaftliche Verbindung man miteinander hat, weil einem tagtäglich vor Augen geführt wird, dass das Leben endlich ist und wir diese Erde alle irgendwann wieder verlassen werden. Jeder Moment wird dadurch so viel wertvoller und mehr geschätzt. Ein großer Bezug besteht häufig besonders zum Freundeskreis, da die eigenen Freunde üblicherweise ungefähr in derselben Altersklasse vorzufinden sind. Dies bedeutet also, dass die eigenen Freunde, vorausgesetzt, man hat das Glück, noch alle beisammen zu haben, dann genauso alt sind.

Dies bietet einem mehrere Ansprechpartner im sozialen Umfeld, die sich genau in derselben Lebenssituation befinden und noch einmal eine andere Verständnisebene erbringen können, als wenn man sich mit seinen Kindern über die allgegenwärtigen Probleme unterhält. Auch hier greifen wieder die allseits bekannten Sprichwörter, welche so häufig zutreffen. Nicht umsonst sagen die Großeltern oder Eltern bei Streitpunkten oder Meinungsverschiedenheiten, dass man sie sicherlich verstehen wird, wenn man erst einmal in ihr Alter gekommen ist. All diese Floskeln und Sprichwörter haben sich über die Jahre nicht so hartnäckig gehalten, weil man sie so daher sagt, sondern weil sie auf der Wahrheit basieren und über all die Jahrzehnte immer wieder zutreffen.

Die Interaktion mit Gleichaltrigen im Freundeskreis kann folglich für ein noch tiefergehendes Verständnis sorgen. Man tauscht sich über Aspekte des Alltags aus, über die Verwandte in anderen Altersklassen nicht nachdenken oder diese nicht für wichtig erachten. Womöglich kann man bei gemeinsam auftretenden Problemen noch Erfahrungen und Tipps austauschen. Wer in der Lage ist, die meisten neuen Aspekte des Lebens im Alter anzunehmen und sie zu akzeptieren, hat sogar die Möglichkeit, ein bisschen Selbstironie an den Tag zu legen und gemeinsam mit seinen Freunden über Dinge zu lachen, die andere sonst nicht verstehen.

Andere Handlungsansätze sind weniger für das persönliche und soziale Umfeld gedacht, aber dafür auch mehr auf allgemeiner staatlicher oder besser gesagt bundesweiter Ebene. Manche lebensverändernden Situationen kann man einfach nicht umgehen, egal wie fürsorglich man sich verhält. Der Wille kann noch so groß sein und trotzdem kommt man teilweise nicht umhin, Eltern oder Großeltern in Pflegeeinrichtungen einziehen zu lassen. Wenn die familiäre Struktur nicht gegeben ist und man seinen Vollzeitjob wie die meisten Menschen nicht einfach so kündigen kann, muss eine externe Pflege hinzugezogen werden.

Dies geht in Form von Pflegeheimen oder privaten Pflegekräften, die je nach Bedarf ein paar Mal wöchentlich oder durchgehend zuhause als unterstützende Pflegekraft fungieren. Hier ist es bislang so, dass die Pflegeheime meist kirchliche Träger haben, Organisationen für Pflege als Träger oder kirchlich basiert sind. Aktuell ist ein Platz im Pflegeheim immer noch sehr teuer. Dies liegt einerseits an der hohen Beanspruchung durch unsere immer älter werdende Bevölkerung und an dem starken Mitarbeitermangel in den Pflegeberufen allgemein.

Der Staat kommt mit der Entwicklung neuer Pflegeheime oder Systeme kaum hinterher und die Arbeitsbedingungen für Pflegekräfte sind so desaströs, dass der Beruf grundsätzlich nicht in Betracht gezogen wird. Großer Handlungsbedarf besteht also langfristig in der Attraktivität des Pflegeberufes und der Schaffung neuer Pflegeheimplätze. Der Beruf ist einfach nicht attraktiv genug, als dass sich die meisten Menschen in eine Ausbildung zum Pfleger begeben würden und das sollte so schnell wie möglich geändert werden. Außerdem müssen die Pflegeplätze so lange privat bezahlt werden, bis das private Vermögen vollständig aufgebraucht ist und erst dann übernimmt der Staat die weiteren Pflegekosten.

Eigentlich sollte die fortgehende angemessene Pflege im Alter ein Grundrecht für alle sein. So wird sie auch oberflächlich behandelt, da der Staat nach Aufbrauchen der Kosten selbst einschreitet und die Rechnungen bezahlt.

Dass aber erst das private Vermögen aufgebraucht

werden muss und dadurch immer öfter das Leben der Angehörigen mit verschlechtert wird, gibt dem Ganzen einen sehr bitteren Beigeschmack. Eine Regelung für die Kostenübernahme der Pflege und eine Rentenreform, wie sie seit Jahrzehnten schon gebraucht wird, rückt immer stärker in den Vordergrund. Abgesehen von den Kosten gibt es auch bei der Qualität der Pflege drastische Unterschiede, die eigentlich nicht existieren dürften. Die bekannte soziale Schere zwischen arm und reich geht immer weiter auseinander und es ist keine Wende dieses Prozesses in Sicht. Die Reichen werden immer reicher und die Armen werden immer ärmer.

Wer also schon in jungen Jahren kein Geld für eine zusätzliche, gute Altersvorsorge aufbringen kann, landet eher in einem Pflegeheim, welches günstiger ist. Dieses ist dann aber auch mit Menschen überbelegt, bei den Mitarbeitern unterbesetzt und alles läuft sehr unpersönlich und kühl ab. Wer es sich leisten kann und bereit ist, sehr viel Geld zur Seite zu legen, kommt in ein schöneres Alters- oder Pflegeheim. Das liegt möglicherweise im Grünen, man hat seinen persönlichen Pfleger und alles ist insgesamt warmherziger und persönlicher.

Die soziale Schere beginnt dann schon in jungen

Jahren mit den Lebensumständen und dem zur Verfügung stehenden Geld. Sie zieht sich aber bis zur letzten Sekunde unseres Lebens und macht selbst bei der Pflege noch Unterschiede, wie sie respektloser und deplatzierter nicht sein könnten. Auch hier muss langfristig ein Umdenken stattfinden, sodass Geld bei der Grundversorgung eines pflegebedürftigen Menschen keine Rolle mehr spielt. Bereits heutzutage gibt es großartige Ansätze und Systeme, die zeigen, dass all diese oft utopisch betitelten Zukunftsvisionen einen Realitätsbezug haben und möglich sind. In der Niederlande beispielsweise ist die Kultur der Nachbarschaftshilfe sehr viel ausgeprägter als in vielen anderen Ländern.

Dort ist man viel näher an dem persönlichen Geschehen seiner Nachbarn und deutlich besser vernetzt. Es ist üblich, hin und wieder nach seinen Nachbarn zu sehen, um sich zu vergewissern, dass alles in Ordnung ist. Man bietet sich gegenseitig Hilfe an, achtet aufeinander und löst viele Schwierigkeiten gemeinsam. Dabei wird niemand vergessen. Besonders älteren Menschen kommt dies zugute.

Sie sind viel weniger allein und haben durch die vielfältige Hilfe auch die Möglichkeit, solange es geht, autonom und selbstbestimmt zu sein. Niemand fällt durch dieses Raster oder wird ausgeschlossen. Es ist egal, wie gut oder schlecht man sich kennt, weil einfach keine Unterschiede gemacht werden. Dieses Modell nennt sich Buurtszorg und ist explizit als Pflegemodell gekennzeichnet, weil es besonders auf die Fürsorge von jüngeren für ältere Menschen abzielt. Dieser revolutionäre Ansatz begrenzt sich nicht darauf, die Pflegebedürftigen durchzuchecken und nur abzuklären, dass sie gewaschen, gefüttert und mit der nötigen Medizin versorgt werden. Hier geht es darum, auf einer viel persönlicheren Ebene zu interagieren und anstatt einer Fließbandabfertigung von alten Menschen die Persönlichkeit in den Vordergrund zu stellen. Der Besuch ist dann nicht mehr nur der rein physischen Pflege gewidmet, sondern auch der psychischen Pflege mit mehr Heiterkeit und dem Aufbau einer bedeutungsvollen Bindung zwischen Pfleger und Pflegebedürftigem. Die älteren Menschen werden hier nicht als Objekt gesehen, sondern als buchender Klient mit einer Persönlichkeit hinter all den vorrangigen Wehwehchen.

Die Pflegekräfte haben nach einer Weile feste Touren und lernen ihre Klienten dadurch viel besser kennen. So beschränkt sich die augenblickliche Pflege und Unterhaltung nicht mehr auf den einen Zeitpunkt.

Versierte Pfleger sind in der Lage, das Leben des Pflegebedürftigen dauerhaft zu verbessern. Diese Pflegeinnovation steht deswegen auch auf der Basis, seine Klienten so schnell es geht wieder loszuwerden. Dies ist nicht negativ gemeint, sondern zielt eher darauf ab, das Leben der älteren Person mit regelmäßiger Pflege desselben Pflegers so zu optimieren, dass diese Menschen nach dem Verlust der Autonomie wieder etwas davon zurückbekommen, und sei es nur für einen bestimmten Zeitraum.

Andere Projekte stützen sich darauf, Menschen, die fast ausschließlich ohne Pflege zurechtkommen, aber Handicaps haben, die sie bei bestimmten alltäglichen Situationen behindern, zu unterstützen. So gibt es den Samariter Verbund, welcher allen eingeschränkten Personen eine schöne Freizeit bieten möchte. So werden beispielsweise Kinder aus einem Hospiz einen Tag lang von den Samaritern begleitet und es wird ein gemeinsamer Ausflug in den Zoo gemacht.

Außerdem haben die Samariter Transportfahrzeuge, die oft ursprünglich als Krankenwagen dienten. Diese werden dann umgebaut, sodass Krankentransporte zu Ärzten deutlich schöner und einfacher gestaltet werden können. Wer diese Organisationen gut findet, aber einfach keine Zeit hat, persönliche

Unterstützung bereitzustellen, kann auch oftmals spenden und sich so einbringen. Diese Organisationen werden nämlich bis heute nicht als überlebenswichtig oder essentiell angesehen, weshalb sie mit Spenden stehen und fallen.

Selbst 5 € im Jahr können schon helfen, so wichtige Organisationen zu erhalten, die als zu unwichtig betrachtet werden. Die fehlende stattliche Unterstützung war bis jetzt nie ein Hindernis, sollte aber dauerhaft gegeben sein. Jeder Mensch kann in die Situation geraten, Hilfe gebrauchen zu müssen. Jeder Mensch hat aber auch einen Anspruch auf ein lebenswertes Leben und dieser Aspekt der Pflege und Fürsorge wird bislang als zu unwichtig erachtet.

Andere Pflegesysteme sind im Alltag der älteren Person viel weniger präsent, aber mindestens genauso hilfreich. Das System ist dann ähnlich zur sogenannten niederländischen Nachbarschaftshilfe, aber umfasst weniger Leistungen.

Hier geht es dann um Pflegekräfte, die auch bei einer Pflegeeinrichtung fest angestellt sind, aber nur vorbeikommen, wenn ein Spaziergang gemacht werden soll oder mal ein besonders großer und schwerer Einkauf ansteht. Diese Pflegekräfte sind die Alltagshelden und übernehmen sozusagen den Platz eines fehlenden Familienmitgliedes oder Freundes, der ab und zu mal vorbeischaut, um nach dem Rechten zu sehen.

Familiäre und gesellschaftliche Zukunftsvision

Auch wenn der familiäre Kreis den Punkt der Gleichaltrigkeit nicht mit dem freundschaftlichen Kreis teilen kann, heißt das nicht, dass der richtige Umgang miteinander keinen Unterschied machen würde. Auch hier ist es so, dass beide Seiten zusammenarbeiten müssen, um sich bei Schwierigkeiten in der Mitte zu treffen und sich gemeinsam anzunähern. Der rote Faden in der ganzen Problematik mit älteren Menschen wird hauptsächlich aus einer

Kombination von Unverständnis, Zeitmangel und dem modernen Familiensystem gegeben. Die universelle Lösung für die meisten Schwierigkeiten und die Verhinderung von Einsamkeit und Verlust der Würde sind also im Umkehrschluss mehr Zeit und mehr Verständnis.

Dies umzusetzen, ist leichter gesagt als getan, aber nicht unmöglich. Wenn die Erwartung, dass letztendlich alles perfekt laufen muss, über Bord geworfen wird und sich daran gehalten wird, alles so umzustellen, dass alle so gut wie möglich miteinander leben können, macht das schon einen ganz großen Unterschied für alle Beteiligten. Wie schon ausführlicher erläutert, ist der größte Bezug einer älteren Person, wie bei jedem Menschen normalerweise, das engere soziale Umfeld.

Dieses umfasst zum größten Teil die engere Verwandtschaft. Besonders der Familie wird beim täglichen Miteinander also eine große Bedeutung zugesprochen, weshalb sie auch ein eigenes Kapitel braucht. Natürlich gehen wir alle mit der Zeit und eine Wahl gibt es in den meisten Fällen auch nicht. Die glücklichen oberen Zehntausend können sich ihre Zeit so einteilen, wie sie es möchten, aber der normale Durchschnittsbürger hat einfach keine Wahl und die

Freiheiten nicht, sein Leben komplett so auszurichten, dass man sich ganz nach dem Wohlbefinden seiner Eltern oder Großeltern richtet.

Im Grundsatz ist es auch richtig und wichtig, ein unabhängiger Mensch zu bleiben und seine eigene Persönlichkeit in der Lebensstruktur zu verwirklichen. Dazu kommen dann noch die täglichen Pflichten wie Arbeit und Haushalt und schon ist der Tag wieder vorbei. Wenn man einmal genau darüber nachdenkt, was man alles an einem Tag tut und das dann auf die ganze Woche und letztendlich das ganze Jahr und Leben aufsummiert, kann man sich dann wirklich mit der modernen Familienstruktur und dem schnellen Takt der Zeit rausreden?

Natürlich ist man an feste Arbeitszeiten gebunden und hat private Verpflichtungen, die nun mal notwendig sind, aber immer häufiger scheint es so zu sein, dass die Gesellschaft die ganzen Innovationen und die Effizienz in allen Dingen begrüßt, aber mit dem eigenen Leben selbst nicht wirklich hinterherkommt. Der Drang nach Ruhe und langsamen Phasen zum Durchatmen ist so groß geworden, dass es sogar ein wirtschaftlicher Zweig wurde. Es werden Noise-Cancelling-Kopfhörer erfunden, die den niemals abebbenden Geräuschpegel unterdrücken sollen, um kleine

Ruhepausen im Alltag zu haben. Die Psychotherapie und Beratungsservices werden alle digital und sind als Therapie teilweise schon über eine App zugänglich. Digital Detox und Selbstfindungsurlaube erleben einen großen Aufschwung. Der Anteil an psychischen Erkrankungen steigt immer mehr und inzwischen hat jeder zweite Mensch in seinem Leben mindestens einmal eine Depression und hier ist nur die Rede von einer ganz bestimmten psychischen Erkrankung, die besonders bekannt ist und im schlimmsten Fall zum Tod führen kann. Wir modifizieren uns selbst immer weiter und möchten immer effizienter sein, aber eigentlich kommen wir gar nicht mehr hinterher und merken dies nur sehr langsam.

Wenn man sich vor Augen führt, welche Schwierigkeiten uns die Art der Entwicklung in unserem eigenen Leben bereitet, ist es nochmal ein großer Schritt in die kompliziertere Richtung, diesen Wandel als älterer Mensch mitzumachen. Die Anpassungsfähigkeit und Auffassungsgabe sind einfach nicht so sehr gegeben, wie bei jüngeren Menschen, obwohl man es so sehr schaffen möchte. Mit diesem Gedanken im Hinterkopf lässt sich womöglich etwas besser ein Verständnis für die älteren Menschen in unserem Leben aufbauen. Um mit unseren älteren Verwandten oder nahestehenden Personen besser umgehen zu können, ist es also hilfreich, einen Schritt rückwärts zu gehen und das große Ganze zu betrachten.

Am Ende kann dies auch für einen selbst durchaus positive Aspekte mit sich bringen. Ein stressiger Alltag sieht einem Hamsterrad immer näher, welches sich Woche für Woche wiederholt. Das Ganze von außen zu betrachten, sorgt für eine klarere Sicht auf die Dinge und unterstützt die bewusste Zeiteinteilung und Entscheidung für sowie gegen gewisse Aktivitäten am Tag.

Es kann schon hilfreich sein, nur für zwei Wochen lang probeweise eine Übersicht mit den Dingen zu erstellen, die man tagtäglich so tut. In dem Moment kommt einem natürlich alles, was man tut, genau richtig vor. Es muss zu genau dem Zeitpunkt das und das so und so erledigt werden, weil man ja immer in Hektik und Stress lebt und keine Zeit für die sogenannten unwichtigeren Dinge hat. Dazu zählt oft die eigene Erholung oder auch die Zeit für andere.

Wenn man seine Aufgaben priorisieren muss, weil es zeitlich knapp wird, macht man doch im großen Durchschnitt immer erst das, was mit Verpflichtungen verknüpft ist. Dabei verschwimmen immer häufiger aber die wahren Grenzen zwischen wirklicher

Verpflichtung und Zeitverschwendung. Man bürdet sich möglicherweise in seiner nie abebbenden Hektik Dinge auf und verknüpft sie unterbewusst mit einem Pflichtgefühl, nur weil man unter Zeitdruck agiert.

Auch mit einer Familie, einem Vollzeitjob und dem Haushalt hat eine Woche noch sieben Tage und aufaddiert viele Stunden, in denen man sich bewusst für sich und seine Lieben entscheiden kann. Ein großer neuer Trend ist es auch, die Erholung zur Pflicht und Hetze zu machen. Die große Work-Life-Balance muss zwingend eingehalten werden, weil man ja dann dem gesunden und bewussten Lebensstil folgt und augenscheinlich alles im Griff hat. Dabei verschwimmen hier die besagten Grenzen und alles wird nur noch zu einer großen To-do-Liste, die inklusive Freizeit abgehakt werden muss.

Der Freizeitstress ist dabei eigentlich ein absolutes Paradoxon, wird aber sofort von jedem verstanden und das ist der Knackpunkt der ganzen Situation. Wenn man anfängt, sich bewusst damit auseinanderzusetzen, welche Wahl man hat und was am jeweiligen Tag wirklich erledigt werden muss, tun sich Zeitfenster auf, die nicht immer mit aufwendigen Wellnessanwendungen oder dem regelmäßigen Sport gefüllt sein müssen. Genau hier wird der eigentlich schon vorhandene

Platz geschaffen, um sich selbst ausleben zu können. Sei es nun der Waldspaziergang oder tatsächlich eine ausgiebige Stunde Sport ist dahingestellt.

Es geht darum, sich bewusst dafür zu entscheiden, bestimmte Dinge zu tun oder zu lassen und auf Dauer von der Assoziation mit einer Pflicht wegzukommen. Dies lässt sich dann auf den Umgang mit älteren Menschen ebenso beziehen. Allen Personen, die meinen, keine Zeit für ihre Eltern oder Großeltern übrig zu haben, hilft dieser bewusste Umgang mit der eigenen Zeit womöglich sehr. Der große Bereich der Einsamkeit von älteren Menschen kann dadurch drastisch minimiert werden. Selbst der am meisten beschäftigte Geschäftsmann und die emanzipierteste Vollzeitfrau können beide mit Familie und Haushalt sicherlich wenigstens eine Stunde in der Woche erübrigen, um auf einen Kaffee die Eltern oder Großeltern zu besuchen und ihnen Gesellschaft zu leisten. Wenn die betroffene Person grundsätzlich die ganze Woche allein ist und sich beide Personen, in beispielsweise einer Ehe oder Partnerschaft, bewusst eine Stunde in den vollen sieben Tagen freischaufeln, sind das schon zwei Stunden für die Oma oder den Opa.

Wenn es mehr wird, ist das natürlich umso besser, aber man sollte seine Lieben auch nicht belagern, weil sie ja trotz eventuell vorherrschender Einsamkeit eigenständige Wesen sind und sich überfordert fühlen könnten. Vielleicht besteht die Möglichkeit, auch andere Mitglieder der Familie mitzunehmen oder zu besuchen und Interaktion zu animieren.

Eine halbe Stunde entspannte Unterhaltung oder einen Menschen zu sehen, den man liebt, macht für die meisten den ganzen Tag direkt besser. Wenn man dann noch aufeinander eingehen kann, muss so ein Besuch auch keine Last darstellen. Zusammengefasst wäre eine Veränderung in der aktuellen Familienstruktur sehr bedeutend für das Leben der Menschen, die älter sind und mit diesem Schritttempo nicht mehr mithalten können.

Natürlich kann man nicht pauschalisieren, dass früher alles besser war, aber eine Wendung hin zu einem traditionelleren Umgang innerhalb der Familie, unter den neu gegebenen Bedingungen schafft eine nachhaltige Basis für ein liebevolles Miteinander auf allen Seiten. Mal abgesehen davon, dass man seine älteren Verwandten oder Bezugspersonen liebt, weil man sich diese Sorgen ja sonst nicht machen würde, hat es jeder Mensch verdient, all die Zuwendung, die er sein ganzes Leben gegeben hat, auch zurückzubekommen.

Das ganze Leben, egal wo und wann, ist ein stetiger Kreislauf aus neueren und älteren Generationen, die aufeinanderfolgen. Die Gefühlswelt passt sich dem an und ist im Grunde mit diesem stetigen Kreislauf gleichzusetzen. Jeder Mensch, der Liebe gibt, möchte auch Liebe erfahren. Besonders die älteren Menschen haben einen langen Teil ihres Lebens hinter sich und ihn damit gefüllt, für andere da zu sein, ihre Liebe und Fürsorge weiterzugeben und so neuen Menschen zu helfen, ihren eigenen Platz in der Welt zu finden. Wir verdanken unseren Eltern und Großeltern oder anderen Menschen im höheren Alter meist so viel, dass sie es mehr als verdient haben, mit genauso viel Liebe und Fürsorge behandelt zu werden.

Einem Menschen das Leben in für ihn etwas schwierigeren Zeiten einfacher zu machen, ist genauso wertvoll, wie die leitende Hand für seine Nachfahren zu sein. So sollte sich der ewige Kreislauf auch emotional schließen und dazu ist eine erneut stärkere Fokussierung auf die Familie nötig. Je regelmäßiger man interagiert und übt, ein reibungsloses Miteinander aufzubauen, desto niedriger werden all die Hemmschwellen und Probleme, die sich aus Unregelmäßigkeit und Zeit- sowie Verständnismangel ergeben. Auf Dauer freut man sich eher auf das Miteinander, anstatt sich jedes Mal überwinden zu müssen, weil keine Gewöhnungsphase eintritt, wenn man immer wieder bei null starten muss. Die gute Mischung aus Fürsorge und Freiraum vertreibt letztendlich die Einsamkeit und das Gefühl, seine Würde und Persönlichkeit Stück für Stück zu verlieren.

Fazit

Abschließend kann festgehalten werden, dass die späteren Lebensjahre komplexe Problematiken mit sich bringen und manchmal überraschend schwieriger zu gestalten sind, als man zunächst angenommen hat.

Unsere Gesellschaft hat an einigen Stellen noch deutlichen Aufholbedarf und sollte sich mit dem Wissen um den demografischen Wandel auch nicht mehr allzu lange bitten lassen. Die Würde und Einsamkeit im Alter sind zwei ganz große Kernthemen, die es zu bewältigen gilt. Es kann nicht alles auf Anhieb perfekt laufen, aber es gibt bereits Ansätze, die zeigen, wie viel Erfolg man haben kann, wenn man sich wirklich Mühe gibt. Alles braucht seine Zeit, aber jede Minute, in der man seinen Mitmenschen mehr Zuwendung und Verständnis entgegenbringt, ist so wertvoll.

Es gibt bereits positive Handlungsansätze und wir wissen alle ganz genau, welche Aspekte besondere Beachtung benötigen. Die Welt und unser Leben dreht sich immer schneller, aber letztendlich entscheiden wir selbst, wie schnell wir uns persönlich mitdrehen wollen und was wirklich wichtig ist. Jeder ist es wert, mit Respekt und Liebe behandelt zu werden, besonders die Menschen, die uns den Weg geebnet haben und schon unser ganzes Leben für uns da sind. Die Richtung steht fest, wir müssen nur alle gemeinsam den Weg gehen und alle, die schlechter laufen können, dabei an die Hand nehmen.

Herstellung und Verlag:
BoD – Books on Demand, Norderstedt
ISBN: 9783755783558

1. Auflage
Kontakt: Psiana eCom UG/ Berumer Str. 44/ 26844 Jemgum
Covergestaltung: Fenna Larsson
Coverfoto: depositphotos.com